Sandra und Sabine Arriens

Laubsägearbeiten
für Frühling und Sommer

ENGLISCH VERLAG

Die Deutsche Bibliothek – CIP-Einheitsaufnahme

Laubsägearbeiten für Frühling und Sommer/Sandra und Sabine Arriens. – Wiesbaden: Englisch, 2000
ISBN 3-8241-1048-2

© by Englisch Verlag GmbH, Wiesbaden 2000
ISBN 3-8241-1048-2
Alle Rechte vorbehalten. Nachdruck, auch auszugsweise, verboten.
Fotos: Frank Schuppelius
Herstellung: Michael Feuerer
Printed in Spain

Die Ratschläge in diesem Buch sind von den Autorinnen und dem Verlag sorgfältig erwogen und geprüft, dennoch kann eine Garantie nicht übernommen werden. Eine Haftung der Autorinnen bzw. des Verlages und seiner Beauftragten für Personen-, Sach- und Vermögensschäden ist ausgeschlossen.

Inhaltsverzeichnis

Vorwort

Der Frühling ist die Zeit im Jahr, wo die ersten Sonnenstrahlen den Garten erwachen lassen. Die trüben Tage sind vorbei. Jetzt ist die Zeit, Garten und Balkon neu zu gestalten. Dekorationen aus Holz verleihen Ihrem Garten oder Balkonkasten viel Charme und eine eigene, persönliche Note. Das Sägen mit dem Laubsägebogen ist nicht schwer und macht viel Spaß. Bei der Auswahl der Laubsägearbeiten finden Sie vieles, was spielend leicht nachzuarbeiten ist. Einiges erfordert etwas mehr Mühe und Zeit. Wir hoffen, dass bei unserer Motivauswahl für jeden Hobbyliebhaber etwas dabei ist und Ihnen das Sägen genauso viel Spaß und Freude bereitet wie uns. Durch die genauen Anleitungen und Vorlagen wird Ihnen auch die Bemalung der Holzdekorationen leicht von der Hand gehen.

Viel Spaß und recht gutes Gelingen wünschen

Sandra und Sabine Arriens

Material und Werkzeug

Für das Nacharbeiten der vorgestellten Laubsägearbeiten wird folgendes Material und Werkzeug benötigt:

- Sperrholz in verschiedenen Stärken
- Laubsägebogen oder Dekupiersäge
- Sägeblätter, 130 mm lang, fein und grob
- Laubsägebrettchen mit Schraubklemme
- Bohrmaschine
- Holzbohrer in verschiedenen Stärken
- Messing- und Holzstäbe in verschiedenen Stärken
- Schleifpapier, Körnung 180–240
- Schmirgelschwamm
- Holzleim
- bei Bedarf Holzkitt
- Zwei-Komponenten-Kleber
- Architekten- oder Transparentpapier
- Bleistift HB
- Anspitzer und Radiergummi
- Kohlepapier
- Lineal
- Schere
- Acryl-Bastelfarbe (matt) in verschiedenen Farben
- Synthetikpinsel in verschiedenen Stärken
- Runder Borstenpinsel

Bei einigen Laubsägearbeiten wird zusätzliches Material benötigt. Es ist bei dem jeweiligen Objekt mit aufgeführt.

Kleine Material- und Werkzeugkunde

Laubsäge

Das wichtigste und dazu recht preisgünstige Werkzeug ist der Laubsägebogen. Sie bekommen ihn im Bastel- oder Heimwerkerfachhandel. Meistens wird er schon als Set mit Sägebrettchen und Schraubklemme angeboten. Der Laubsägebogen hat zwei Flügelschrauben, zwischen denen Sie das Sägeblatt mit nach unten gerichteten Zähnen einspannen müssen. Hat man seine Leidenschaft für das Sägen entdeckt und fertigt Werkstücke in großer Menge an, lohnt sich die Anschaffung einer sogenannten Dekupiersäge. Sie wird in Baumärkten in verschiedenen Ausführungen und Preislagen angeboten. Lassen Sie sich beraten, welche Dekupiersäge für Ihre Arbeiten in Frage kommt.

Sägeblätter

Sägeblätter bekommt man im Sortiment. Achten Sie darauf, nur Sägeblätter für die Holzbearbeitung zu kaufen. Für den Laubsägebogen haben die Blätter eine Länge von 130 mm. Die Stärke der Sägeblätter ist abhängig von der Holzstärke. Für dünnes Holz wird ein dünnes Sägeblatt verwendet, für stärkeres Holz ein stärkeres Sägeblatt.

Holz

In Baumärkten wird Holz oft preisgünstig als Rest angeboten. Achten Sie beim Kauf auf die Beschaffenheit des Holzes. Große Äste im Massivholz wirken sich auf Laubsägearbeiten nachteilig aus. Sperrholz bekommt man auch wasserfest verleimt, leider lässt es sich schwerer sägen. Für Laubsägearbei-

ten ist Pappelsperrholz am günstigsten. Es hat eine fast weißliche Färbung und lässt sich gut verarbeiten. Auch Lindenholz wird speziell für Laubsägearbeiten angeboten. Wählen Sie die Stärke des Holzes angepasst auf Ihr Motiv. Wenn Sie Rundhölzer in einem größeren Durchmesser benötigen, sollten Sie weiches Kiefern- oder Fichtenholz verwenden. Rundhölzer aus Hartholz lassen sich sehr schwer mit der Laubsäge bearbeiten.

Schleifpapier

Schleifpapier ist bei der Holzbearbeitung uner- lässlich. Wir haben eine Körnung von 180–240 benutzt. Sehr gute Erfah- rungen haben wir auch mit dem Schmirgelschwamm ge- macht. Vor allem bei großen Flä- chen und Rundungen lässt sich gut damit arbeiten.

Bohrmaschine

Für Bohrungen jeglicher Art ist eine elektri- sche Bohrmaschine von großem Nutzen. Bei unseren vorgestellten Arbeiten kommt sie häufig zum Einsatz. Benutzen Sie dabei auf jeden Fall Holzbohrer.

Schraubzwingen

Schraubzwingen erleichtern das Verleimen von großen Holzteilen, wenn mehrere Teile gleichzeitig zusammengesetzt werden müs- sen und man keine Schrauben oder Nägel verwenden möchte.

Farben

Für alle unsere vorgestellten Motive haben wir matte Acryl-Bastelfarbe verwendet. Diese Farben bekommt man im Hobbyfach- handel. Sie zeichnen sich durch eine hohe Deckkraft aus und lassen sich mit Wasser verdünnen, untereinander mischen, und sie trocknen schnell. Zudem sind sie wetterfest.

Pinsel

Für die Bemalung werden verschie- dene Pinsel benötigt. Für feine Linien ist vor allem ein kleiner Aquarellpinsel wichtig. Wir haben uns für Synthetikpin- sel entschieden. Diese Pinsel sind recht langlebig, nicht zu weich und darüber hin- aus kostengünstig. Die Pinsel lassen sich bei Verwendung der angegebenen Acrylfarben mit Wasser reinigen. Nach häufiger Ver- wendung ist das Reinigen in Seifenlauge angebracht. Anschließend sollten die Pinsel gut ausgespült werden.

Grundanleitung

Übertragen der Vorlage

Haben Sie sich für ein Motiv entschieden, zeichnen Sie es mit dem Bleistift auf Archi- tekten- oder Transparentpapier ab. Es soll- ten alle Linien, innen wie außen, sowie even- tuelle Markierungen, abgezeichnet werden. Transparentpapier hat den Vorteil, dass Sie

durch das Papier mögliche Holzfehler oder Verästelungen gut erkennen können, um das Papier zu verschieben, bis die Zeichnung auf einwandfreiem Holz aufliegt. Unter das Transparentpapier schieben Sie Kohlepapier und befestigen dann die Papierlagen mit Klebestreifen auf dem Holz. Ziehen Sie nun

noch einmal die Außenlinien des Motivs mit Bleistift nach, und markieren Sie die Innenausschnitte, soweit vorhanden. Die Zeichnung überträgt sich auf diese Weise auf das Holz.

Sägen

Bevor Sie mit dem Sägen beginnen, befestigen Sie das Sägebrettchen mit der Schraubklemme als Auflage an Ihrer Tischkante. Halten Sie den Laubsägebogen waagerecht, und sägen Sie Ihr Werkstück langsam und ohne Druck entlang der Linien aus. Sind Innenausschnitte vorgesehen, muss zuerst ein Loch gebohrt werden. Spannen Sie dann das Laubsägeblatt oben aus dem Bogen, und fädeln Sie es durch das Loch. Dann können Sie das Sägeblatt wieder einspannen und den Innenausschnitt aussägen.

Schleifen

Nachdem das Motiv ausgesägt ist, muss es geschliffen werden. Schleifen Sie von der Mitte aus zu den Kanten des Holzes, damit Sie zusätzliche unschöne Einrisse vermeiden. Dann werden alle Rundungen sowie die Seiten geglättet. Sollte Ihnen beim Sägen ein Ausrutscher passiert sein, korrigieren Sie ihn mit grobem Schleifpapier und glätten die Stelle anschließend mit feinem Schleifpapier. Manchmal kann man kleine Fehler auch in das Werkstück einbeziehen. So erhält Ihr Motiv eine persönliche Note.

Bemalung

Da wir zum Bemalen Acrylfarben auf Wasserbasis benutzen, grundieren wir alle zu bemalenden Holzteile mit stark verdünntem Weiß. Nach dem Trocknen sieht man feine Holzhärchen, die sich hochgestellt haben. Jetzt werden nochmals alle Flächen und Kanten mit feinem Schleifpapier oder mit dem Schmirgelschwamm geglättet. Um die Bemalung auf das Holz zu übertragen, nehmen Sie die Zeichnung, die Sie auf Transparentpapier übertragen haben, und stricheln Sie mit Bleistift über alle Innenlinien des Motivs. Dann legen Sie das Transparentpapier direkt mit der Bleistiftzeichnung auf das Holz und ziehen die Umrisslinien auf der Rückseite des Transparentpapiers mit Bleistift nach. Auf diese Weise lässt sich die Zeichnung für die Bemalung auf das Holz übertragen. Der Vorteil dieser Methode ist, dass sich Bleistiftlinien zur Korrektur wegradieren lassen. Grundsätzlich können Sie sich für die Bemalung an der Abbildung orientieren, oder Sie setzen Ihre eigene Kreativität ein.

Leimen und Schrauben

Für Ringschrauben und Haken bohren Sie die Löcher mit einem 2-mm-Handbohrer vor. Andere Löcher bohren Sie mit der Bohrmaschine. Alle naturbelassenen Teile werden mit Holzleim verleimt. Standfiguren fixieren Sie dort, wo Farbe auf Farbe trifft, mit Zwei-Komponenten-Kleber auf die entsprechenden Grundplatten.

Tipps zum Anfertigen von Laubsägearbeiten

✦ Schadhafte Absplitterungen auf dem Holz kann man mit Holzkitt (auf Wachsbasis) ausbessern und nachschleifen.

✦ Sollten Sie Schmuck tragen, ziehen Sie vor dem Schleifen alle Ringe von den Fingern ab, um Druckstellen zu vermeiden.

✦ Für einige Motive benötigen Sie das gleiche Teil mehrmals. Wenn Sie dünnes Sperrholz mit dem Ø 4 mm verwenden, können 3 Lagen mit doppelseitigem Klebeband übereinander geklebt und auf einmal ausgesägt werden. Schneiden Sie dafür von dem Klebeband kleine Stücke zu.

Laubsägearbeiten

1. Gänse

Material

- ✦ Sperrholz, 8 mm stark
- ✦ Zwei-Komponenten-Kleber
- ✦ Dunkelblaues Karoband, 1 cm breit
- ✦ Acryl-Mattfarbe in Weiß, Schwarz, Gelb und Orange

Anleitung

Mit Hilfe des Vorlagebogens ist die Gans rasch ausgesägt. Übertragen Sie die Teile vom Vorlagebogen auf das Holz. Nach dem Aussägen des Motivs wird das Holz glatt geschliffen. Anschließend wird die Gans angemalt. Dafür können Sie sich nach der Abbildung richten. Sind die Farben gut getrocknet, wird die Gans auf den Standfuß geklebt. Zum Schluss erhält Sie eine Schleife um den Hals gebunden.

2. Igel

Material

- ✦ Sperrholz, 12 mm stark
- ✦ Holzleim
- ✦ Bohrmaschine
- ✦ Holzbohrer, 5 mm Ø
- ✦ Holzstab, 5 mm Ø
- ✦ Acryl-Mattfarbe in Weiß, Schwarz, Lachs, Hellbraun, Dunkelbraun, Rot, Gelb und Olivgrün

Anleitung

Sägen Sie den Igel gemäß der Vorlage aus, und schleifen Sie das Holz schön glatt. Hierzu beachten Sie bitte auch die Grundanleitung. Den Körper des Igels malen Sie lachsfarben und schattieren mit Hellbraun gemäß der Abbildung nach. Die Farbe des Korbes wird aus Gelb und Hellbraun gemischt. Die Stachelzeichnung in Dunkelbraun wird mit einem runden Borstenpinsel mit kleinen Strichen aufgetragen und anschließend, nach dem Trocknen der Farbe, mit sehr wenig Weiß schattiert. Für den Holzstab bohren Sie abschließend das Loch und fixieren den Stab mit Holzleim.

3. Raupe

Material

- ✦ Sperrholz, 10 mm stark
- ✦ Holzleim
- ✦ Bohrmaschine
- ✦ Holzbohrer, 5 mm ⌀
- ✦ Holzstab, 5 mm ⌀
- ✦ Acryl-Mattfarbe in Weiß, Schwarz, Gelb, Rot, Haut, Dunkel- und Tannengrün

Diese fröhliche Raupe kann Ihren Blumentopf ebenso gut schmücken wie den Balkonkasten oder das Blumenbeet.

Anleitung

Übertragen Sie die Raupe vom Vorlagebogen auf das Holz. Nach dem Aussägen müssen Sie alle Kanten und Flächen sorgfältig schleifen. Die Bemalung wird Ihnen mit Hilfe der Abbildung leicht fallen, Sie können sie je nach Bedarf und Gefallen selbstverständlich auch variieren. Bohren Sie für den Holzstab ein Loch, und fixieren Sie diesen mit Holzleim.

4. Hase

Material

- ✦ Sperrholz, 12 mm stark
- ✦ Holzleim
- ✦ Bohrmaschine
- ✦ Holzbohrer, 5 mm Ø
- ✦ Holzstab, 5 mm Ø
- ✦ Acryl-Mattfarbe in Weiß, Schwarz, Dunkel- und Hellbraun, Siena Braun

Anleitung

Übertragen Sie das Motiv vom Vorlagebogen auf das Holz. Sägen Sie den Hasen aus und schleifen danach alle Kanten und Flächen glatt. Bemalen Sie den Hasen mit Dunkelbraun, und lassen Sie die Farbe trocknen.

Danach erhält der Hase die Fellstruktur. Nehmen Sie dazu einen runden Borstenpinsel, mit dem Sie Weiß und Hellbraun im Wechsel aufnehmen und die Schattierung gemäß der Abbildung vornehmen. Verwenden Sie die Farben äußerst sparsam. Der Pinsel sollte beim Malen fast trocken sein. Das Auge und die Nase werden übrigens mit Siena nachträglich gemalt. Zum Schluss wird das Loch für den Holzstab gebohrt und dieser mit Holzleim fixiert.

5. Frosch

Material

- ✦ Sperrholz, 10 mm stark
- ✦ Holzleim
- ✦ Bohrmaschine
- ✦ Holzbohrer, 5 mm Ø
- ✦ Holzstab, 5 mm Ø
- ✦ Acryl-Mattfarbe in Weiß, Schwarz, Gelb, Hell- und Olivgrün
- ✦ Fineliner, wasserfest, in Schwarz

Anleitung

Übertragen Sie das Motiv vom Vorlagebogen auf das Holz, und sägen Sie den Frosch aus. Schleifen Sie alle Kanten und Flächen des Holzmotivs glatt. Bemalen Sie den Frosch gemäß der Abbildung. Die Körperlinien zeichnen Sie nach dem Trocknen der Farbe mit einem Fineliner auf den Frosch. Dann wird das Loch für den Stab gebohrt und dieser mit Holzleim fixiert.

6. Kohlmeise

Material
◆ Sperrholz, 8 mm stark
◆ Bilderhaken, selbstklebend
◆ Acryl-Mattfarbe in Weiß, Schwarz,
  Lachs, Gelb, Dunkel- und Hellbraun,
  Olivgrün, Siena Braun und Blaugrau

Ein Motiv nicht nur für Freunde der einheimischen Vogelwelt ist dieser zart-pastellfarbene Entwurf.

Anleitung
Sägen Sie das Motiv aus und schleifen die Kanten und Flächen schön glatt. Die Bemalung erfolgt gemäß der Abbildung, oder Sie gestalten das Motiv nach Ihren Wünschen. Die Feinzeichnung auf den Flügeln erfolgt mit wenig weißer Farbe, die Sie akzentuiert einsetzen, indem Sie sie mit einem Borstenpinsel auf die noch feuchte blaue Farbe auftragen und mit hineinmalen. Zum Aufhängen kleben Sie einen Bilderhaken von hinten auf das Holz.

7. Schmetterling

Material

- ✦ Sperrholz, 10 mm stark
- ✦ Messingdraht, 1 mm ⌀
- ✦ Holzbohrer, 1 mm ⌀ und 4 mm ⌀
- ✦ Bohrmaschine
- ✦ Messingstange, 4 mm ⌀
- ✦ Rundzange mit Seitenschneider
- ✦ Zwei-Komponenten-Kleber
- ✦ Acryl-Mattfarbe in Weiß, Gelb und Lachs

Anleitung

Mit Hilfe des Vorlagebogens ist der Schmetterling schnell ausgesägt. Nach dem Sägen schleifen Sie den Schmetterling gemäß der Grundanleitung. Die Bemalung nehmen Sie mit Hilfe der Abbildung vor oder variieren sie je nach Belieben. Nach der Bemalung schneiden Sie von dem Messingdraht zwei ca. 7 cm lange Stücke ab und biegen mit der Rundzange jeweils eine Öse für die Fühler. In den Schmetterling setzen Sie mit der Bohrmaschine für die Fühler zwei Löcher mit einem Durchmesser von 1 mm und ein weiteres Loch mit einem Durchmesser von 4 mm. Diese Löcher benötigen Sie für die Messingteile, die mit Zwei-Komponenten-Kleber im Holzkörper fixiert werden.

8. Kuh

Material

+ Sperrholz, 10 mm stark
+ Holzbohrer, 4 mm Ø
+ Bohrmaschine
+ 2 Messingstangen, 4 mm Ø
+ Zwei-Komponenten-Kleber
+ Acryl-Mattfarbe in Weiß, Schwarz, Haut, Dunkelbraun und Grau

Anleitung

Sägen Sie die Kuh gemäß des Vorlagebogens aus, und schleifen Sie das Teil glatt.

Beachten Sie hierfür die Grundanleitung. Anschließend bemalen Sie Ihre Kuh nach Lust und Laune mit schwarzen Schecken – gerne dürfen Sie sich natürlich auch nach der Abbildung richten. Damit die Kuh sich nicht im Wind dreht, ist es ratsam, zwei Messingstangen als Stecker zu verwenden, Dafür bohren Sie zwei Löcher mit einem Durchmesser von 4 mm. Versehen Sie den Vorder- und Hinterhuf jeweils mit einem Loch, und kleben Sie die Messingstangen mit einem Zwei-Komponenten-Kleber ein.

9. Milchkanne

Material

- ✦ Sperrholz, 10 mm stark
- ✦ Holzbohrer, 4 mm ∅
- ✦ Bohrmaschine
- ✦ Messingstange, 4 mm ∅
- ✦ Zwei-Komponenten-Kleber
- ✦ Acryl-Mattfarbe in Weiß und Mittelblau

Anleitung

Sägen Sie die Kanne gemäß des Vorlagebogens aus, und schleifen Sie das Teil glatt. Beachten Sie dabei die Grundanleitung. Nehmen Sie anschließend die Bemalung mit Hilfe der Abbildung vor. Die weißen Schattierungen auf der Kanne werden in die noch feuchte blaue Farbe mit hineingemalt. Die Schrift allerdings wird erst nach dem Trocknen der gemalten Kanne aufgemalt. Für die Messingstange wird ein Loch mit 4 mm Durchmesser gebohrt, und die Stange wird mit Zwei-Komponenten-Kleber fixiert.

10. Huhn im Nest

Material

- ✦ Sperrholz, 8 mm stark
- ✦ Holzbohrer, 4 mm ∅
- ✦ Bohrmaschine
- ✦ Messingstange, 4 mm ∅
- ✦ Zwei-Komponenten-Kleber
- ✦ Acryl-Mattfarbe in Weiß, Schwarz, Gelb, Lachs, Rot, Grau und Olivgrün

Anleitung

Sägen Sie das Huhn gemäß der Vorlage aus, und schleifen Sie es glatt. Die Grundanleitung beachten! Danach erfolgt die Bemalung. Für den Schnabel verwenden Sie Gelb, und um ihn deutlicher hervorzuheben, malen Sie mit Lachs und Gelb gemischt die Konturen des Schnabels. Das Bäckchen des Huhns nachträglich mit Weiß und sehr wenig Lachs verdeutlichen. Das Loch für die Messingstange mit der Bohrmaschine fertigen und die Stange mit Zwei-Komponenten-Kleber fixieren.

11. Zwerg mit Gießkanne

Material

- ✦ Sperrholz, 10 mm stark
- ✦ Holzbohrer, 4 mm ∅
- ✦ Bohrmaschine
- ✦ Messingstange, 4 mm ∅
- ✦ Zwei-Komponenten-Kleber
- ✦ Acryl-Mattfarbe in Haut, Schwarz, Weiß, Lachs, Rot, Gelb, Mittelblau, Grau, Dunkelbraun, Olivgrün und Dunkelgrün

Anleitung

Bevor Sie mit dem Aussägen beginnen, machen Sie sich mit der Vorlage vertraut. Aus dem Zwerg müssen drei Teile herausgesägt werden.

Beachten Sie hierbei die Grundanleitung. Ist Ihr Holzteil ausgesägt, muss es gut geschliffen werden. Nehmen Sie die Bemalung im nächsten Schritt vor. Hier können Sie sich nach der Abbildung richten oder aber den Zwerg ganz nach ihrem Geschmack gestalten. Die Schattierungen des gelben Hemdes haben wir im feuchten Zustand der Farbe mit Weiß und Lachs gemalt. Schürze und Mütze werden mit Weiß schattiert. Die Bäckchen und Ohrmuscheln sind nachträglich auf das fertige Gesicht mit Weiß und Lachs gemalt worden. In das fertig bemalte Teil wird mit der Bohrmaschine das Loch für die Messingstange gebohrt, und die Stange wird mit dem Kleber fixiert.

12. Zwerg mit Blume

Material

+ Sperrholz, 10 mm stark
+ Holzbohrer, 4 mm ⌀
+ Bohrmaschine
+ Messingstange, 4 mm ⌀
+ Zwei-Komponenten-Kleber
+ Acryl-Mattfarbe in Haut, Schwarz, Weiß, Lachs, Rot, Gelb, Mittelblau, Grau, Ultramarinblau, Olivgrün und Dunkelbraun

Anleitung

Nachdem der Zwerg ausgesägt wurde, muss er gut geschliffen werden. Danach sollten Sie die Grundanleitung beachten und die Bemalung mit Hilfe der Abbildung vornehmen oder aber nach Ihrem eigenen Geschmack variieren. Schattierungen der Farben werden immer im feuchten Zustand der Farben vorgenommen. Die Bäckchen und Ohrmuscheln sind mit Weiß und Lachs nachträglich auf das fertige Gesicht gemalt worden.

Für die Messingstange wird das Loch mit der Bohrmaschine gebohrt und die Stange mit dem Zwei-Komponenten-Kleber fixiert.

13. Marienkäfer auf der Blume

Material

- ✦ Sperrholz, 10 mm stark
- ✦ Zwei-Komponenten-Kleber
- ✦ Klarlack nach Bedarf
- ✦ Acryl-Mattfarbe in Haut, Schwarz, Weiß, Rot, Gelb und Orange

Anleitung

Sägen Sie beide Teile für den kleinen Marienkäfer gemäß der Vorlage aus, und schleifen Sie das Holz schön glatt. Die Bemalung kann nun gemäß der Abbildung vorgenommen werden. Haben sich beide Teile nach der Bemalung gut trocknen lassen, können Sie den Käfer mit Zwei-Komponenten-Kleber auf die Blume kleben. Möchten Sie das fertige Teil als Blumenstecker verwenden, müssen Sie zusätzlich unter der Blume ein Loch für eine Stange bohren und die Blume nochmals mit mattem Klarlack übermalen, damit das Regenwasser auf der waagerechten Fläche keinen Schaden anrichten kann.

14. Schaf

Material
+ Sperrholz, 10 mm stark
+ Bohrmaschine
+ Holzbohrer, 4 mm Ø
+ Messingstange, 4 mm Ø
+ Zwei-Komponenten-Kleber
+ Acryl-Mattfarbe in Schwarz, Weiß, Lachs und Grau

Anleitung
Das Schaf wird gemäß des Vorlagebogens ausgesägt.

Anschließend wird das Holz geschliffen und die Bemalung mit Hilfe der Abbildung vorgenommen. Die Nase malt man mit einer Farbmischung aus Weiß und etwas Lachs.

Für die Gestaltung der Schafwolle verwendet man einen runden Borstenpinsel und trägt wolkig Weiß und Grau auf.

Das fertige Schaf erhält noch ein Loch mit der Bohrmaschine für die Messingstange. Diese kleben Sie mit dem Zwei-Komponenten-Kleber ein.

15. Huhn

Material

- ✦ Sperrholz, 10 mm stark
- ✦ Bohrmaschine
- ✦ Holzbohrer, 4 mm Ø
- ✦ Messingstange, 4 mm Ø
- ✦ Zwei-Komponenten-Kleber
- ✦ Acryl-Mattfarbe in Schwarz, Weiß, Rot, Gelb, Lachs und Grau

Anleitung

Suchen Sie sich das Motiv vom Vorlagebogen heraus, und sägen Sie das Huhn aus. Schleifen Sie das Holzteil schön glatt, bevor Sie mit der Bemalung beginnen. Schattieren Sie den gelben Schnabel mit Lachs, den Flügel mit Grau. Ebenso verfahren Sie am Halsansatz und schattieren ihn mit etwas Grau. Mit der Bohrmaschine bohren Sie das Loch, in dem Sie die Messingstange mit Zwei-Komponenten-Kleber fixieren.

16. Zwerg mit Kirschen

Material

✦ Sperrholz, 10 mm stark
✦ Bohrmaschine
✦ Holzbohrer, 4 mm Ø
✦ Messingstange, 4 mm Ø
✦ Zwei-Komponenten-Kleber
✦ Acryl-Mattfarbe in Schwarz, Weiß, Rot, Haut, Lachs, Gelb, Mittel- und Dunkelblau, Grau, Olivgrün und Braun

Anleitung

Das Motiv wird vom Vorlagebogen auf das Holz übertragen. Sägen Sie es gemäß der Grundanleitung aus, und schleifen Sie das Holz. Die Bemalung erfolgt mit Hilfe der Abbildung. Das Schattieren der Farben erfolgt im feuchten Zustand. Den gelben Schal schattieren Sie bitte mit Lachs und Weiß. Um die einzelnen Finger zu verdeutlichen, malen Sie in die Hautfarbe die Linien mit Lachs. Die Bäckchen und Ohrmuscheln werden nachträglich auf dem fertig gearbeiteten Gesicht mit wenig Lachs und Weiß verdeutlicht.

Um die Messingstange zu fixieren, bohren Sie mit der Bohrmaschine ein Loch von 4 mm Durchmesser.

17. Maulwurf

Material

✦ Sperrholz, 12 mm stark
✦ Bohrmaschine
✦ Holzbohrer, 5 mm Ø
✦ Holzstab, 5 mm Ø
✦ Holzleim
✦ Acryl-Mattfarbe in Hellbraun, Dunkelbraun, Gelb, Lachs, Weiß, Grau und Dunkelblau

Anleitung

Übertragen Sie das Motiv vom Vorlagebogen auf das Holz. Sägen Sie den Maulwurf aus, und schleifen Sie das Motiv schön glatt. Die Bemalung erfolgt nun gemäß der Abbildung, wobei stets in die noch feuchte Farbe mit einer anderen Farbe hineingearbeitet und schattiert wird. Schattieren Sie den gelben Strohhut mit Lachs und Weiß, das ausgefranste Stroh wird nachträglich mit Braun verdeutlicht. Schattieren Sie die blaue Hose mit Weiß und den braunen Körper am Halsansatz mit etwas Weiß. Für den Holzstab bohren Sie ein Loch mit der Bohrmaschine und leimen den Stab ein.

18. Margerite

Material

- ✦ Sperrholz, 10 mm stark
- ✦ Bohrmaschine
- ✦ Holzbohrer, 4 mm Ø
- ✦ Messingstab, 14 mm Ø
- ✦ 1 Holzbutton, 2,5 cm Ø
- ✦ Satinband Dunkelblau und Weiß
- ✦ Zwei-Komponenten-Kleber
- ✦ Acryl-Mattfarbe in Weiß und Gelb

Anleitung

Sägen Sie die Margerite aus dem Holz heraus, und schleifen Sie alle Kanten schön glatt. Die Bemalung fällt bei diesem Modell denkbar einfach aus. Zusätzlich malen Sie einen Holzbutton gelb, den Sie anschließend auf die Margerite kleben.

Für den Messingstab bohren Sie ein Loch mit der Bohrmaschine, fixieren den Stab und schmücken ihn anschließend mit Satinbändern, wie abgebildet.

19. Entchen

Material

- Sperrholz, 10 mm stark
- Bohrmaschine
- Holzbohrer, 4 mm Ø
- Messingstab, 4 mm Ø
- Zwei-Komponenten-Kleber
- Acryl-Mattfarbe in Weiß, Gelb, Schwarz, Lachs und Pfirsich

Anleitung

Suchen Sie das Motiv vom Vorlagebogen heraus. Übertragen Sie das Entchen auf das Holz. Nach dem Aussägen wird das Holz geschliffen. Die Bemalung erfolgt im Anschluss gemäß der Abbildung. Schattieren Sie in die noch feuchte gelbe Farbe mit Weiß und Lachs. In das fertige Entchen wird für den Messingstab ein Loch mit der Bohrmaschine gebohrt und der Stab mit dem Kleber fixiert.

20. Schwein

Material

- ✦ Sperrholz, 10 mm stark
- ✦ Bohrmaschine
- ✦ Holzbohrer, 4 mm ⌀
- ✦ Messingstab, 4 mm ⌀
- ✦ Schaschlikspieß
- ✦ Leeres Marmeladenglas
- ✦ Zwei-Komponenten-Kleber
- ✦ Acryl-Mattfarbe in Weiß, Schwarz, Lachs und Rosé

Anleitung

Sägen Sie das Motiv aus, und schleifen Sie das Holz schön glatt. Beachten Sie hierfür auch die Grundanleitung. Bevor Sie mit der Bemalung beginnen, mischen Sie aus Rosé, Weiß und Lachs die Farbe für das Schwein. Zum Mischen beginnen Sie mit Weiß und rühren nacheinander die anderen Farben hinein. Verwenden Sie Lachs und Rosé sparsam.

Schattieren Sie beim Malen des Schweins mit Weiß in die noch feuchte Farbe und beim Schwanz zusätzlich mit Lachs. Das Bäckchen wird nach dem Trocknen mit Lachs und Weiß verdeutlicht. Bohren Sie abschließend ein Loch für den Stab, und kleben Sie diesen ein.

21. Kleiner Blumenkranz

Material

- ◆ Sperrholz, 2 mm und 5 mm stark
- ◆ Zwei-Komponenten-Kleber
- ◆ 1 Bilderhaken, selbstklebend
- ◆ Acryl-Mattfarbe in Weiß, Rosé, Gelb, Lachs, Oliv- und Lindgrün

Anleitung

Übertragen Sie die Motive vom Vorlagebogen auf das Holz. Für den Ring benötigen Sie das 5 mm starke Sperrholz. Die Blüten müssen dreimal ausgesägt werden, und alle Holzteile werden glatt geschliffen. Die Bemalung nehmen Sie gemäß der Abbildung vor. Mit dem Kleber fixieren Sie die Teile auf dem Ring. Rückseitig befestigen Sie einen Bilderhaken zum Aufhängen.

22. Serviettenständer

Material

✦ Sperrholz, 10 mm und 5 mm stark
✦ Zwei-Komponenten-Kleber
✦ Acryl-Mattfarbe in Weiß, Rot, Gelb und Olivgrün

Anleitung

Sägen Sie zuerst die Erdbeere zweimal aus. Für die Grundplatte benötigen Sie außerdem ein Rechteck. Es sollte 3 cm breit und 12 cm lang sein. Verwenden Sie hierfür das stärkere Sperrholz. Schleifen Sie alle Holzteile schön glatt, bevor Sie mit der Bemalung beginnen. Richten Sie sich hierbei bitte nach der Abbildung. Nach dem Trocknen der Farben können Sie die Erdbeeren mit dem Zwei-Komponenten-Kleber an die Grundplatte kleben.

23. Serviettenringe

Material

✦ Sperrholz, 3 mm stark
✦ Holzringe, 3,3 cm Ø
✦ Zwei-Komponenten-Kleber
✦ Acryl-Mattfarbe in Weiß, Rot, Gelb und Olivgrün

Anleitung

Sägen Sie die Erdbeeren in der von Ihnen gewünschten Anzahl aus. Sie benötigen für jede Erdbeere einen Holzring. Schleifen Sie die Holzteile, bevor Sie mit der Bemalung beginnen. Von den Holzringen sägen Sie 3 mm ab, damit erhalten Sie eine flache Auflagefläche, auf die später die Erdbeere geklebt wird. Die Ringe werden weiß gemalt, die Erdbeere erhält ihre Zeichnung gemäß der Abbildung.